ÇA DÉPEND

Études de cas sur les relations avec les employés destinés aux professionnels et étudiants en Ressources Humaines

Angela Champ

ÇA DÉPEND

Tellwell Talent
www.tellwell.ca

ISBN
978-0-2288-0514-4 (souple)

TABLE OF CONTENTS

INTRODUCTION

« Ça dépend » est la réponse classique à presque tous les problèmes en rapport aux ressources humaines et cette collection d'études de cas démontre exactement pourquoi.

Il n'y a pas de réponse correcte aux études de cas dans ce livre. Cependant, il y en a généralement une qui est plus correcte que les autres. Les relations avec les employés sont complexes et nuancées, et les circonstances particulières d'une situation peuvent en changer l'issue même lorsqu'elles semblent identiques à une autre situation. Cela explique que nous devions aborder les problèmes de relations de travail en fonction des circonstances notamment de :

- La faute professionnelle ou l'incident en question
- La durée de la relation de travail
- La nature du poste et des fonctions de l'employé, et s'il y a une charge supplémentaire, la responsabilité ou l'obligation fiduciaire envers cet employé
- Toute mesure disciplinaire antérieure
- L'explication de l'employé quant à la faute ou l'incident

Ce livre est destiné aux étudiants en ressources humaines ou à tout professionnel souhaitant améliorer ses compétences dans le domaine des relations de travail.

Les études de cas présentées sont une combinaison de situations que vous pourriez réellement rencontrer dans de nombreuses entreprises non syndiquées (Pour les besoins de ce livre, les études de cas syndiquées ont été volontairement mises de côté car l'issue dépend plus de ce que dit la convention collective. La législation et le droit commun s'appliquent également dans les milieux syndiqués mais le processus disciplinaire applicable au personnel, incluant le licenciement, est souvent énoncé dans les conventions collectives). Bien que ces cas puissent être réels, toute ressemblance avec des personnes ou situations existantes ou ayant existé serait purement fortuite.

Utilisez ces études de cas pour commencer la discussion et apprendre à obtenir la meilleure issue possible. Lorsque vous analyserez ces scénarios, faites des recherches sur la législation applicable dans votre juridiction et dans d'autres provinces, états ou pays, pour déterminer comment la loi change en fonction de l'endroit. Par exemple, au moment de la publication de ce livre, vingt-neuf États des États-Unis d'Amérique ont légalisé l'usage de la marijuana à des fins médicales tandis que huit États ont légalisé la marijuana pour usage récréatif. Le Canada est sur le point d'adopter en 2018 une loi semblable et d'autres pays tels que l'Italie ont décriminalisé la possession de petites quantités de marijuana. Cela peut affecter considérablement le résultat de la discussion et des décisions dans l'étude de cas 9 - *Le dilemme de la drogue* en fonction du pays, de l'état ou de la province où vous vous trouvez.

En plus d'examiner ces cas, vous pouvez consulter la jurisprudence pour savoir comment la préséance est appliquée et le droit commun (ou le

Code civil au Québec) change avec le temps. Les sujets de discussion sont délibérément vagues afin qu'ils puissent s'appliquer à n'importe quelle juridiction, que ce soit au Canada, aux États-Unis ou ailleurs dans le monde.

Les scénarios de chacune de ces études de cas présentent volontairement des différences mineures afin d'illustrer comment les moindres détails peuvent influer sur l'issue de toute situation. Ceci explique pourquoi « ça dépend » reste la réponse classique à presque tous les problèmes en rapport aux ressources humaines.

ÉTUDE DE CAS 1

L’EMPLOYÉ EN RETARD

SCÉNARIO 1

Benjamin est un employé de vingt-quatre ans qui travaille pour le Groupe Prince, une grande entreprise d'ingénierie spécialisée dans les projets de génie civil, tels que les routes, les ponts et les infrastructures. Benjamin travaille dans l'entreprise depuis huit mois. Avant cela, il travaillait comme vendeur dans une boutique de vêtements pour hommes, mais il a rejoint le Groupe Prince pour avoir de meilleures opportunités de carrière. Il est représentant de comptes clients dans une équipe de six personnes de 8 h 00 à 16 h 00. Dans le cadre de son rôle, il est amené à répondre aux clients par téléphone concernant les factures impayées, le traitement des paiements et l'émission de factures. Bien qu'il ne soit pas une star au travail, il est considéré comme un employé sérieux qui fait peu d'erreurs.

Benjamin est amical et bon enfant. En général, ses collègues l'apprécient, et il va occasionnellement prendre un verre après le travail avec un groupe de collègues. Il vient aussi d'intégrer l'équipe de hockey de l'entreprise. Cependant, Benjamin est arrivé au travail en retard à quatre reprises au cours des deux dernières semaines et ses collègues commencent à le remarquer. En dehors de cela, il n'a eu aucun problème de performance ou d'absentéisme.

Quand son gestionnaire, Jean-François, a mentionné ses retards, Benjamin a répondu : « Eh bien, je suppose que je ne suis pas une personne matinale ». Durant une conversation avec vous, son représentant des Ressources Humaines, Jean-François vous a parlé de son problème avec Benjamin au passage alors qu'il était venu discuter d'autres problèmes dans l'équipe.

SUJETS DE DISCUSSION

1. Comment aborderiez-vous cette situation?
2. Quel conseil donneriez-vous à Jean-François?
3. Quelles questions poseriez-vous à Jean-François ou à Benjamin ?
4. Quels sont les éléments contextuels dont il faut tenir compte dans ce scénario et qui pourraient influencer l'issue?
5. Recommanderiez-vous de prendre des mesures disciplinaires à l'encontre de Benjamin? Pourquoi? Si oui, quel genre d'actions disciplinaires recommanderiez-vous?
6. Votre approche et vos conseils seraient-ils différents s'il s'agissait d'un événement isolé plutôt qu'un événement répété? Comment ceux-ci différeraient-ils?

SCÉNARIO 2

Benjamin est un employé de vingt-quatre ans qui travaille pour le Groupe Prince, une grande entreprise d'ingénierie spécialisée dans les projets de génie civil, tels que les routes, les ponts et les infrastructures. Benjamin travaille dans l'entreprise depuis huit mois. Avant cela, il travaillait comme vendeur dans une boutique de vêtements pour hommes, mais il a rejoint le Groupe Prince pour avoir de meilleures opportunités de carrière. Il est représentant de comptes clients dans une équipe de six personnes de 8 h 00 à 16 h 00. Dans le cadre de son rôle, il est amené à répondre aux clients par téléphone concernant les factures impayées, le traitement des paiements et l'émission de factures. Bien qu'il ne soit pas une star au travail, il est considéré comme un employé sérieux qui fait peu d'erreurs.

Benjamin est amical et bon enfant. En général, ses collègues l'apprécient, et il va occasionnellement prendre un verre après le travail avec un groupe de collègues. Il vient aussi d'intégrer l'équipe de hockey de l'entreprise. Cependant, Benjamin est arrivé au travail en retard à quatre reprises au cours des deux dernières semaines et ses collègues commencent à le remarquer. Benjamin s'est absenté pour cause de maladie à cinq reprises au cours des huit derniers mois. La politique de congé maladie de la compagnie prévoit cinq jours de congé maladie rémunérés par an donc le congé maladie de Benjamin n'a pas été évoqué.

Quand son gestionnaire, Jean-François, a abordé le sujet de ses retards, Benjamin a répondu: « Eh bien, je suppose que je ne suis pas une personne matinale. ». En tant que représentant des ressources humaines, vous en avez parlé à Benjamin: il a mentionné que l'horaire des autobus avait changé récemment et qu'il ne pouvait pas se rendre au bureau avant 8 h 20 puisqu'il est dépendant des transports en commun.

SUJETS DE DISCUSSION

1. Prendriez-vous en compte le fait que Benjamin ait été malade cinq fois dans votre approche de la situation ?
2. Quelles sont les autres circonstances contextuelles à considérer dans ce scénario qui pourraient avoir un effet sur le résultat ?
3. Quel conseil donneriez-vous à Jean-François pour résoudre ce problème maintenant que vous savez que le bus de Benjamin ne lui permet pas d'arriver au bureau avant 8h20 ? Le fait que Benjamin dépende des transports publics change-t-il votre avis par rapport au scénario 1 ?
4. Recommanderiez-vous de prendre des mesures disciplinaires à l'encontre de Benjamin ? Pourquoi? Si oui, qu'est-ce qui vous semblerez approprié dans ce cas ?
5. Votre approche et vos conseils seraient-ils différents s'il s'agissait d'un événement isolé plutôt qu'un événement répété? Comment ceux-ci différeraient-ils ?

SCÉNARIO 3

Benjamin est un employé de quarante-huit ans qui travaille pour le Groupe Prince, une grande entreprise d'ingénierie spécialisée dans les projets de génie civil, tels que les routes, les ponts et les infrastructures. Benjamin travaille dans l'entreprise depuis huit mois. Avant cela, il travaillait comme vendeur dans une boutique de vêtements pour hommes, mais il a rejoint le Groupe Prince pour avoir de meilleures opportunités de carrière. Il est représentant de comptes clients dans une équipe de six personnes de 8 h 00 à 16 h 00. Dans le cadre de son rôle, il est amené à répondre aux clients par téléphone concernant les factures impayées, le traitement des paiements et l'émission de factures. Malgré une formation de quatre semaines et un suivi régulier de son gestionnaire, Benjamin commet fréquemment des erreurs qui nécessitent de refaire le travail pour les corriger.

En général, ses collègues l'apprécient, et il va occasionnellement prendre un verre après le travail avec un groupe de collègues. Il vient aussi d'intégrer l'équipe de hockey de l'entreprise. Cependant, Benjamin est arrivé au travail en retard à quatre reprises au cours des deux dernières semaines et ses collègues commencent à le remarquer. Des rumeurs circulent dans l'équipe concernant les erreurs de Benjamin ou d'avoir à gérer des clients en colère qui se plaignent de ses erreurs.

Quand son gestionnaire, Jean-François, a abordé le sujet de ses retards, Benjamin a répondu: « Eh bien, je suppose que je ne suis pas une personne matinale ». Jean-François est venu vous voir, en tant que son représentant des ressources humaines, pour vous demander conseil sur quoi faire à propos de Benjamin.

SUJETS DE DISCUSSION

1. Quels sont les problèmes soulevés ici? Quelles questions poseriez-vous à Jean-François? Qu'est –il nécessaire d'apprendre sur Benjamin et sa situation?
2. Quel comportement dans cette situation ressort d'un problème de conduite et quel comportement ressort d'un problème de performance ? Comment expliqueriez-vous la différence à Jean-Francois ?
3. Aborderiez-vous ces deux problèmes avec Benjamin et Jean-François, ou vous concentreriez-vous sur un des deux? Si vous décidez d'aborder uniquement un problème, lequel choisiriez-vous? Et pourquoi?
4. Quelle façon de procéder recommanderiez-vous à Jean-François? Pourquoi?
5. L'âge de Benjamin a-t-il un impact sur l'approche que vous avez de ce scénario par rapport aux scénarios 1 et 2? Pourquoi?
6. Votre approche et vos conseils seraient-ils différents s'il s'agissait d'un événement isolé plutôt qu'un événement répété? Comment ceux-ci différeraient-ils?

ÉTUDE DE CAS 2

LE HARCÈLEMENT

SCÉNARIO 1

La compagnie Lumières du Sud s'est engagée à offrir à ses employés un milieu de travail respectueux et a récemment mis en place un programme de formation sur la diversité et le respect au travail destiné à l'ensemble de ses trois mille six cents employés. À la fin d'une séance de formation, Amir, salarié depuis trois ans, a abordé la spécialiste de la diversité, Suzanne, pour lui faire part d'une préoccupation qu'il a au sujet de son lieu de travail. Après avoir écouté son inquiétude, Suzanne a suggéré qu'Amir rencontre les ressources humaines pour discuter de la question.

Lorsqu'Amir arrive à son entretien avec vous, son représentant en Ressources Humaines, il vous remet une déclaration dactylographiée de trois pages qui décrit le harcèlement et le manque de respect qu'il ressent au travail. Plus précisément, il se plaint que l'équipe de quatre femmes avec laquelle il travaille « expose » délibérément leurs bras et leurs aisselles dénudés, ce qui va à l'encontre de ses croyances culturelles et qui le rend mal à l'aise. Avec des températures estivales s'élevant à trente degrés Celsius, les femmes portent des robes d'été ou des débardeurs pour travailler et Amir est offusqué par leur « étalage d'impudeur ».

Dans sa déclaration, Amir a inclus une définition du « harcèlement » qu'il a trouvée dans le document de formation intitulé *Respect dans le milieu du Travail*:

> « Le harcèlement se définit comme tout acte ou propos inopportun d'une personne ou d'un groupe à l'encontre d'une autre personne pouvant inclure des menaces et des exigences. Ceci peut être dans le but de la détruire psychologiquement et/ou physiquement que ce soit

> par préjudice racial, par malveillance personnelle, ou simplement par plaisir de rendre quelqu'un craintif ou anxieux. Une poursuite en justice peut en découler si le harcèlement est provoqué par une discrimination fondée sur la race ou le sexe. L'employeur peut également faire l'objet d'une poursuite pour avoir négligé de protéger son employée lorsque celui-ci a été harcelé de façon répétée par un autre employé. »

Amir insiste sur le fait que vous devez prendre des mesures disciplinaires contre ces femmes et il demande restitution pour le bouleversement que cette situation lui a causé. Il menace de poursuivre l'entreprise pour « incapacité à protéger un employé » contre ce qu'il considère être un harcèlement systématique si la situation n'est pas résolue.

Bien que vous ne connaissiez pas bien Amir, vous avez formé Margo, la gestionnaire de cette équipe, pendant plusieurs semaines, sur la résolution de conflits entre collègues. Vous avez appris de Margo que trois des femmes de l'équipe sont des amis à l'extérieur du bureau et ont travaillé ensemble pendant plus de dix ans et qu'une quatrième membre de l'équipe s'est plainte de la clique, et qu'Amir ne semble pas s'intégrer à l'équipe. Cependant, les cinq membres de l>équipe ont tous des compétences spécialisées et s'acquittent généralement bien de leurs tâches. Malgré la dynamique d'équipe dysfonctionnelle, chaque individu est considéré comme un bon élément dans son travail.

SUJETS DE DISCUSSION

1. Comment aborderiez-vous cette situation? Que diriez-vous à Amir?
2. Êtes-vous d>accord avec Amir sur le fait qu'il soit harcelé? Quelles ressources pourriez-vous consulter pour faire des recherches?
3. Initieriez-vous la conversation avec les femmes de son équipe? Justifiez votre choix. Si vous avez une conversation, que leur diriez-vous?
4. Il y a plusieurs problèmes au sein de l'équipe de Margo. Que conseilleriez-vous à Margo de faire pour résoudre les conflits au sein de son équipe?
5. Quelles sont les circonstances contextuelles qui doivent être considérées dans ce scénario et qui pourraient avoir un effet sur le résultat?

SCÉNARIO 2

La compagnie Lumières du Sud s'est engagée à offrir à ses employés un milieu de travail respectueux et a récemment mis en place un programme de formation sur la diversité et le respect au travail destiné à l>ensemble de ses trois mille six cents employés. À la fin d>une séance de formation, Sarah, salariée depuis trois ans, a abordé la spécialiste de la diversité, Suzanne, pour lui faire part d>une préoccupation qu>elle a au sujet de son lieu de travail. Après avoir écouté son inquiétude, Suzanne a suggéré que Sarah rencontre les ressources humaines pour discuter de la question.

Lorsque Sarah arrive à son entretien avec vous, son représentant en Ressources Humaines, elle vous remet une déclaration dactylographiée de trois pages qui décrit le harcèlement et le manque de respect qu'elle ressent au travail. Plus précisément, elle se plaint que quatre hommes avec lesquels elle travaille font souvent des blagues sur les blondes lui étant apparemment destinées et font des commentaires sur ses vêtements tels que « Cette jupe te fait de longues jambes » ou « Cette robe met vraiment en valeur ta silhouette ».

Dans sa déclaration, Sarah a inclus une définition du « harcèlement » qu'il a trouvée dans le document de formation intitulé Respect dans le milieu du Travail:

> « Le harcèlement se définit comme tout acte ou propos inopportun d'une personne ou d'un groupe à l›encontre d›une autre personne pouvant inclure des menaces et des exigences. Ceci peut être dans le but de la détruire psychologiquement et/ou physiquement que ce soit par préjudice racial, par malveillance personnelle, ou

simplement par plaisir de rendre quelqu'un craintif ou anxieux. Une poursuite en justice peut en découler si le harcèlement est provoqué par une discrimination fondée sur la race ou le sexe. L'employeur peut également faire l'objet d'une poursuite pour avoir négligé de protéger son employée lorsque celui-ci a été harcelé de façon répétée par un autre employé. »

Sarah insiste sur le fait que vous devez prendre des mesures disciplinaires contre ces hommes et elle demande restitution pour le bouleversement que cette situation lui a causée. À un moment donné de la conversation, Sarah devient très émotionnelle et elle menace de poursuivre l'entreprise pour « incapacité à protéger un employé » contre ce qu'elle considère être un harcèlement systématique si la situation n'est pas résolue.

Vous savez que Sarah est une bonne employée et qu'elle ne s'est jamais plainte de ses collègues. Cinq ans auparavant, une autre employée, également une femme, s'était plainte d'actes et de paroles similaires de la part de l'un des hommes de l'équipe, Robert. Votre prédécesseur avait parlé à Robert et il y avait une note au dossier à propos de l'incident. Aucune mesure disciplinaire n'avait été prise à ce moment-là. La note documente la conversation mais ne fait aucune mention d'un suivi ou de conséquence pour Robert. À l'époque, le représentant des Ressources Humaines a dit à Robert de s'excuser auprès de l'employée et de promettre de ne plus le faire. En faisant des recherches, vous vous apercevez que Robert est considéré comme un employé « à haut potentiel » et qu'il a des possibilités de promotion accélérée.

SUJETS DE DISCUSSION

1. Comment aborderiez-vous cette situation? Que diriez-vous à Sarah?
2. Êtes-vous d>accord avec Sarah sur le fait qu'elle soit harcelée? Quelles ressources pourriez-vous consulter pour faire des recherches?
3. De quelle façon ce scénario est-il différent du premier?
4. Initieriez-vous la conversation avec Robert et les autres membres de l'équipe? Pourquoi? Si vous avez une discussion, que leur diriez-vous?
5. Margo, la gestionnaire de l'équipe, était aussi gestionnaire au moment de la discussion avec Robert il y a cinq ans. Margo a-t-elle une part de responsabilité dans cette situation?
6. Puisque Robert est considéré comme un employé « à haut potentiel », le PDG est devenu son mentor. Tout le monde semble penser que cela rend Robert « intouchable » et peu susceptible d'être l'objet de mesures disciplinaires. Comment vous y prendriez-vous dans ce cas?
7. Recherchez la législation dans votre juridiction sur le harcèlement et particulièrement le harcèlement sexuel sur le lieu de travail. Quelle est la responsabilité de l'entreprise si Sarah peut prouver qu'elle est harcelée?
8. Robert devrait-il être licencié? Justifiez votre raisonnement.
9. Qu'est-ce qui est requis pour s'assurer pour que cette situation ne se produise pas? Quelles politiques devraient être mises en œuvre?

10. Faites des recherches sur les politiques sur le harcèlement en place qui pourraient vous être utiles.
11. Comment communiqueriez-vous de telles politiques afin de les rendre applicables? Quels sont les critères requis pour rendre ces politiques efficaces?

ÉTUDE DE CAS 3

LA DEMANDE DE PRÊT HYPOTHÉCAIRE

SCÉNARIO 1

Vous écoutez vos messages vocaux à la fin de la journée et l'un de ces messages vous laisse perplexe:

> «Bonjour, Marie de la Banque Prospect à l'appareil. Je me permets de vous appeler pour clarifier certains éléments de la lettre que vous avez fournie à Julie Rogers pour sa demande de prêt hypothécaire. Pourriez-vous s'il vous plaît me rappeler au 555-1212 dès que possible? Merci d'avance.»

Vous connaissez Julie Rogers: elle est l'une des coordonnatrices marketing de votre entreprise mais vous ne vous souvenez pas lui avoir adressée une lettre récemment. Comme c'est la fin de journée, vous décidez de ne vous en occuper que le lendemain matin.

Le lendemain, vous ouvrez le dossier de Julie et voyez qu'elle travaille pour l'entreprise depuis un peu plus de trois ans. Elle a vingt-huit ans et a précédemment travaillé pour l'un de vos concurrents et possédait donc de l'expérience dans votre secteur d'activité. Elle a commencé en tant qu'employée temporaire et a été embauchée de façon permanente au bout de six mois afin de remplacer un employé qui a démissionné. Lors de son premier bilan de rendement, elle a obtenu trois sur cinq, cinq étant la note la plus élevée. Au cours de sa deuxième année, elle a obtenu quatre sur cinq et, lors de son récent bilan, elle a obtenu une note de trois sur cinq. Vous ne voyez rien d'inhabituel dans son dossier - pas de notes de son manager, pas d'absentéisme, pas de mesure disciplinaire. Cependant, vous ne voyez pas non plus de lettre pour une demande de prêt hypothécaire.

Confus, vous appelez Marie de la Banque Prospect. Au cours de votre conversation, elle vous dit qu'elle fait référence à une lettre signée par vous mais qu'elle a des questions à poser pour compléter la demande de prêt hypothécaire de Julie. Vous demandez à Marie de vous envoyer une copie de la lettre par courriel, car vous n'avez aucun souvenir d'en avoir envoyé une. Quelques minutes plus tard, vous ouvrez la pièce jointe dans l'e-mail de Marie et vous voyez que la lettre a été imprimée sur le papier à en-tête de l'entreprise et signée à votre nom, mais la signature a été falsifiée.

SUJETS DE DISCUSSION

1. Quelles actions mettriez-vous en place pour enquêter sur cette situation?
2. Au cours des trois années où Julie a travaillé dans l'entreprise, son travail a été satisfaisant et il n'y a eu aucun problème. Est-ce que cela influence votre approche dans cette situation? Pourquoi?
3. Quelles sont les autres circonstances contextuelles qui doivent être considérées dans ce scénario et qui pourraient avoir un effet sur le résultat?

A la fin de votre enquête, vous êtes désormais convaincu que Julie a écrit la lettre et falsifié votre signature, bien qu'elle nie l'avoir faite. Vous ne pensez pas qu'un autre employé aurait pu faire cela, et si un autre employé l'avait fait, cette personne aurait été complice de cette infraction. Cependant, Julie insiste sur le fait qu'elle n'a aucune idée de comment cette lettre a été écrite ou envoyée à la Banque Prospect. Marie vous a dit que Julie avait envoyé la lettre par courriel à partir de son adresse électronique personnelle quelques jours auparavant.

1. D'après les faits énumérés ci-dessus, croyez-vous que le comportement de Julie ait irrémédiablement porté atteinte à la relation de travail au point que l'employeur ne puisse plus lui faire confiance? Pourquoi?
2. Voulez-vous licencier Julie? Justifiez votre décision. Si vous décidez de licencier Julie, avec ou sans motif valable?
3. Faites une recherche sur la jurisprudence récente en matière de licenciement pour motif valable. Quel est le critère principal pour ces licenciements? Ce critère s'applique-t-il à cette situation?

4. Quelles sont les autres alternatives pour motiver une cessation d'emploi?
5. Votre approche serait-elle différente si Julie avait cinquante-cinq ans avec trente années de service au sein de l'entreprise, au lieu de vingt-huit ans avec trois années de service? Pourquoi?
6. Si vous avez décidé de licencier Julie sans motif, précisez l'indemnité de départ que vous donneriez à Julie, âgée de vingt-huit ans. Quelle serait l'indemnité si Julie était âgée de cinquante-cinq ans? Est-ce la même? Justifiez votre raisonnement. Quels sont les facteurs à prendre en compte pour déterminer l'indemnité de départ appropriée?

SCÉNARIO 2

Vous écoutez vos messages vocaux à la fin de la journée et l'un de ces messages vous laisse perplexe:

> «Bonjour, Marie de la Banque Prospect à l'appareil. Je me permets de vous appeler pour clarifier certains éléments de la lettre que vous avez fournie à Julie Rogers pour sa demande de prêt hypothécaire. Pourriez-vous s'il vous plaît me rappeler au 555-1212 dès que possible? Merci d'avance.»

Vous connaissez Julie Rogers: elle est l'une des coordonnatrices marketing de votre entreprise mais vous ne vous souvenez pas lui avoir adressée une lettre récemment. Comme c'est la fin de journée, vous décidez de ne vous en occuper que le lendemain matin.

Le lendemain, vous ouvrez le dossier de Julie et voyez qu'elle travaille pour l'entreprise depuis un peu plus de trois ans. Elle a vingt-huit ans et a précédemment travaillé pour l'un de vos concurrents et possédait donc de l'expérience dans votre secteur d'activité. Elle a commencé en tant qu'employée temporaire et a été embauchée de façon permanente au bout de six mois afin de remplacer un employé qui a démissionné. Lors de son premier bilan de rendement, elle a obtenu trois sur cinq, cinq étant la note la plus élevée. Au cours de sa deuxième année, elle a obtenu quatre sur cinq et, lors de son récent bilan, elle a obtenu une note de trois sur cinq. Vous ne voyez rien d'inhabituel dans son dossier - pas de notes de son manager, pas d'absentéisme, pas de mesure disciplinaire. Cependant, vous ne voyez pas non plus de lettre pour une demande de prêt hypothécaire.

Confus, vous appelez Marie de la Banque Prospect. Au cours de votre conversation, elle vous dit qu'elle fait référence à une lettre signée par vous mais qu'elle a des questions à poser pour compléter la demande de prêt hypothécaire de Julie. Vous demandez à Marie de vous envoyer une copie de la lettre par courriel, car vous n'avez aucun souvenir d'en avoir envoyé une. Quelques minutes plus tard, vous ouvrez la pièce jointe dans l'e-mail de Marie et vous voyez que la lettre a été imprimée sur le papier à en-tête de l'entreprise et signée à votre nom, mais la signature a été falsifiée.

Au cours de votre enquête, vous apprenez que Julie a une colocataire, Tracy Jenkins, qui est aussi une employée de votre entreprise. Tracy travaille au service comptabilité depuis moins d'un an. Julie insiste sur le fait qu'elle n'a pas falsifié de lettre mais indique que Tracy a proposé de demander la lettre de référence auprès des Ressources humaines en son nom. Julie parait surprise lorsque vous affirmez que ce n'est pas votre signature.

SUJETS DE DISCUSSION

1. Votre approche changera-t-elle par rapport au scénario 1? Quelles actions mettriez-vous en place?
2. Si vous croyez le fait que Julie pensait la lettre authentique, cela changera-t-il l'issue pour Julie? Comment?
3. Si Tracy admet avoir falsifié la lettre et l'avoir donnée à Julie, quelle conséquence recommanderiez-vous pour Tracy? Serait-ce un licenciement avec ou sans motif valable? Justifiez votre choix.

ÉTUDE DE CAS 4

LE GROS GAIN

SCÉNARIO 1

Carole Petit est réceptionniste dans un bureau de comptabilité nommé Horowitz. Elle a occupé ce poste pendant quatre ans et a été embauchée suite à la recommandation de sa nièce, Judith, qui a travaillé pour l'entreprise depuis treize ans en tant que comptable générale agréée.

Carole a eu un accident l'année précédente : elle est tombée dans les escaliers chez elle. Elle s'est blessée le dos et souffre fréquemment de maux de dos. À 59 ans, le médecin a dit à Carole que sa douleur pouvait ne jamais s'améliorer. Afin de s'adapter à sa condition, l'entreprise a fourni à Carole un bureau assis-debout pour soulager la douleur et rendre les conditions de travail plus tolérables.

Cependant, aujourd'hui, vous avez reçu un courriel du fournisseur d'avantages sociaux de votre entreprise disant qu'ils menaient une enquête sur de fausses réclamations soumises par Carole au cours de la dernière année. Dans le courriel, vous apprenez que Carole a présenté sept demandes de remboursement de séances de physiothérapie, mais que les dates ne correspondent pas aux dossiers du physiothérapeute. Au total, les réclamations s'élèvent à un montant de 840$. Le fournisseur de prestations vous informe qu'ils poursuivent leur enquête pour fraude.

Parce que la confiance et l'intégrité sont essentielles à la réputation de votre entreprise, le bureau de comptabilité Horowitz applique une politique de tolérance zéro à l'égard de la fraude ou de la malhonnêteté de ses employés. Au cours de votre enquête, Carole admet avoir soumis de fausses demandes de remboursement de séances de physiothérapie mais vous dit qu'elle l'a fait parce qu'elle avait besoin de l'argent. Son mari a perdu son emploi plusieurs mois auparavant et leurs dettes s'accumulent. Carole se sentait désespérée et ne pensait pas que quiconque le découvrirait. Au cours de l'entrevue, Carole a fondu en larmes et vous a supplié de ne pas la congédier, car elle a besoin de ce travail et son licenciement ne ferait qu'empirer la situation. Elle croit qu'a son âge et à cause de sa blessure il lui sera très difficile de retrouver un autre emploi. Elle vous avoue également que son mari est violent et que si elle perdait son emploi, il lui ferait probablement du mal.

SUJETS DE DISCUSSION

1. Comment aborderiez-vous cette situation? Quelles sont les circonstances à considérer dans ce scénario qui pourraient avoir un effet sur l'issue de la situation?
2. Feriez-vous preuve de clémence à l'égard de Carole toute indulgence pour avoir admis qu'elle a soumis de fausses réclamations?
3. Est-ce que le montant total des réclamations est à prendre en compte dans votre décision? Pourquoi?
4. Licencieriez-vous Carole? Si oui, serait-ce un licenciement avec ou sans motif? Expliquez votre raisonnement pour choisir l'une ou l'autre de ces approches.
5. Le fait que la nièce de Carole travaille pour la même entreprise est-il un facteur dans votre décision? Justifiez.
6. Est-ce que la situation personnelle de Carole entre en ligne de compte dans votre décision? Pourquoi?
7. Insisteriez-vous pour que Carole rembourse les 840$? Quel recours juridique avez-vous à votre disposition pour récupérer ce montant?
8. Quelles ressources fourniriez-vous à Carole, le cas échéant?

SCÉNARIO 2

Carole Petit est réceptionniste dans un bureau de comptabilité nommé Horowitz. Elle a occupé ce poste pendant quatre ans et a été embauchée suite à la recommandation de sa nièce, Judith, qui a travaillé pour l'entreprise depuis treize ans en tant que comptable générale agréée.

Carole a eu un accident l'année précédente : elle est tombée dans les escaliers chez elle. Elle s'est blessé le dos et souffre fréquemment de maux de dos. À 59 ans, le médecin a dit à Carole que sa douleur pouvait ne jamais s'améliorer. Afin de s'adapter à sa condition, l'entreprise a fourni à Carole un bureau assis-debout pour soulager la douleur et rendre les conditions de travail plus tolérables.

Cependant, aujourd'hui, vous avez reçu un courriel du fournisseur d'avantages sociaux de votre entreprise disant qu'ils menaient une enquête sur de fausses réclamations soumises par Carole au cours de la dernière année. Dans le courriel, vous apprenez que Carole a présenté sept demandes de remboursement de séances de physiothérapie, mais que les dates ne correspondent pas aux dossiers du physiothérapeute. Au total, les réclamations s'élèvent à un montant de 630$ et les copies de ces réclamations sont en pièces jointes. Le fournisseur de prestations vous informe qu'ils poursuivent leur enquête pour fraude.

Parce que la confiance et l'intégrité sont essentielles à la réputation de votre entreprise, le bureau de comptabilité Horowitz applique une politique de tolérance zéro à l'égard de la fraude ou de la malhonnêteté de ses employés. Vous pensez que Carole doit être licenciée immédiatement. Cependant, au cours de votre enquête, Carole nie avoir soumis de fausses demandes de remboursement de séances de physiothérapie l'année dernière. Elle affirme avoir été à des séances de massothérapie pour soulager ses maux de dos. Lorsque vous montrez à Carole les demandes de règlement par courriel, Carole insiste sur le fait que l'écriture et les signatures ne sont pas les siennes. Elle spécule que son mari, Arnaud, soumettait de fausses réclamations en son nom.

SUJETS DE DISCUSSION

1. Comment aborderiez-vous cette situation? Quelles sont les circonstances à considérer dans ce scénario qui pourraient avoir un effet sur l'issue de la situation?
2. Si l'enquête confirme qu'Arnaud a soumis de fausses réclamations sans que Carole le sache, licencieriez-vous Carole? Justifiez votre décision.
3. Insisteriez-vous pour que Carole rembourse les 630$? Quel recours juridique avez-vous à votre disposition pour récupérer ce montant?

ÉTUDE DE CAS 5

LA RECOMMANDATION

SCÉNARIO 1

Vous recevez un appel téléphonique d'un recruteur d'une entreprise de fabrication de produits de confiserie appelée Bon Bonbon. Ils cherchent à embaucher Carole Petit en tant que réceptionniste et vous appelle pour vérifier ses références.

Vous vous souvenez que Carole travaillait comme réceptionniste dans votre entreprise, mais vous l'avez licenciée l'année dernière (cf. Étude de cas 4, Scénario 1).

SUJETS DE DISCUSSION

1. Fourniriez-vous une référence pour Carole (cf. Étude de cas 4, Scénario 1)? Justifiez votre choix.
2. Si vous décidez de fournir une référence pour Carole, que diriez-vous? Expliqueriez-vous à Bon Bonbon les circonstances du départ de Carole?
3. Si vous ne voulez pas fournir de référence à Carole, que diriez-vous au recruteur?
4. La législation sur la protection de la vie privée dans votre juridiction a-t-elle un impact sur ce que vous pouvez dire à propos de Carole à Bon Bonbon? Recherchez quelles lois sur la protection de la vie privée pourraient s'appliquer dans ce cas.

SCÉNARIO 2

Vous recevez un appel téléphonique d'un recruteur d'une entreprise de fabrication de produits de confiserie appelée Bon Bonbon. Ils cherchent à embaucher Carole Petit en tant que réceptionniste et vous appelle pour vérifier ses références. Par pure coïncidence, le recruteur est un bon ami à vous. Après avoir congédié Carole l'année dernière (cf. Étude de cas 4, scénario 1), vous avez raconté cette situation lors d'une soirée arrosée avec un petit groupe de bons amis dont faisait partie ce recruteur. Même si vous n'avez pas mentionné le nom de Carole à ce moment-là, vous partagiez tous des « histoires de guerre » concernant vos lieux de travail respectifs et le genre de situations auxquelles vous avez à faire face au travail.

SUJETS DE DISCUSSION

1. Fourniriez-vous une référence pour Carole (cf. Étude de cas 4, Scénario 1)? Justifiez votre choix.
2. Puisque le recruteur est un de vos amis, est-ce que vous lui rappelleriez l'histoire que vous lui avez racontée tout en précisant qu'il s'agissait en fait de Carole?
3. Si vous décidez de ne pas fournir de référence à Carole, que diriez-vous au recruteur? Et si votre ami vous pousse à la confidence?
4. La législation sur la protection de la vie privée dans votre juridiction a-t-elle un impact sur ce que vous pouvez dire à propos de Carole à votre ami? Recherchez quelles lois sur la protection de la vie privée pourraient s'appliquer dans ce cas.

ÉTUDE DE CAS 6

LES CONTACTS

SCÉNARIO 1

Votre entreprise est en train de recruter un nouveau vendeur. Frank Neusome, semble avoir toutes les qualifications pour ce poste: une bonne expérience de la vente, des résultats démontrés, des contacts solides dans l'entreprise et une personnalité qui s'intègrera dans la culture d'entreprise. L'évaluation qu'il vient de passer prouve également qu'il est un candidat idéal.

Lors de la dernière étape, vous voulez appeler les références de Frank. Il vous a donné trois noms, qui travaillent tous pour l'ancien employeur de Frank, pas son actuel. Le gestionnaire recruteur, Joseph, mentionne qu'il connaît quelques personnes qui travaillent chez l'employeur actuel de Frank et qu'il les appellera pour obtenir des informations sur Frank.

SUJETS DE DISCUSSION

1. Quelles sont vos inquiétudes par rapport au fait que Joseph appelle ses relations qui travaillent chez l'employeur actuel de Frank?
2. Quelles sont les conséquences potentielles du fait que Joseph appelle les collègues de Frank pour poser des questions à son sujet?
3. Y a-t-il des lois sur la vie privée ou le consentement que votre organisation doit suivre lors du recrutement? Est-ce que ces lois s'appliquent à la situation de Frank?
4. Que conseilleriez-vous à Joseph de faire dans cette situation?

SCÉNARIO 2

Votre entreprise est en train de recruter un nouveau vendeur. Frank Neusome, semble avoir toutes les qualifications pour ce poste: une bonne expérience de la vente, des résultats démontrés, des contacts solides dans l'entreprise et une personnalité qui s'intègrera dans la culture d'entreprise. L'évaluation qu'il vient de passer prouve également qu'il est un candidat idéal.

Vous préparez la lettre d'offre lorsque votre téléphone sonne. C'est Frank, et il est absolument furieux. Il crie au téléphone, et au début, vous avez du mal à comprendre ce qu'il dit. Vous finissez par comprendre que Frank est en colère parce que son employeur actuel, un de vos concurrents, a découvert que Frank postule ailleurs et il l'a licencié dans l'après-midi. Selon Frank, quelqu'un de votre entreprise a appelé un de ses collègues pour lui poser des questions sur lui, et ce collègue a prévenu le patron de Frank.

Après avoir calmé Frank et lui avoir promis de le recontacter sous peu, vous rencontrez Joseph, le responsable du recrutement, pour lui faire part de l'appel. Joseph admet qu'il a appelé le collègue de Frank, qui est un ami et vous dit : « Je ne vois pas quel est le problème. Nous allions embaucher Frank de toute façon. «.

SUJETS DE DISCUSSION

1. Quelles sont vos inquiétudes par rapport au fait que Joseph appelle ses relations qui travaillent chez l'employeur actuel de Frank?
2. Quelles sont les conséquences potentielles du fait que Joseph appelle les collègues de Frank pour poser des questions à son sujet?
3. Y a-t-il des lois sur la vie privée ou le consentement que votre organisation doit suivre lors du recrutement? Est-ce que ces lois s'appliquent à la situation de Frank?
4. Que conseilleriez-vous Joseph de faire dans cette situation?
5. Que feriez-vous vis-à-vis de Frank? Demanderiez-vous réparation?
6. Et si votre entreprise décidait à la dernière minute de ne pas faire une offre d'embauche à Frank? Y aurait-il un recours légal pour lui? Votre entreprise a-t-elle une part de responsabilité?

ÉTUDE DE CAS 7

LE LOGEMENT

SCÉNARIO 1

Sangheeta travaille comme administratrice du bureau dans l'entreprise Phare, une entreprise de huit cents employés, et supervise une équipe de cinq personnes. Elle travaille dans la société depuis plus de douze ans : elle a débuté au bas de l>échelle et a été peu à peu promue en tant que gestionnaire. Ses évaluations de performance ont toujours été de quatre ou cinq sur cinq, cinq étant la meilleure note. Son équipe l'apprécie et Sangheeta est amicale avec tout le monde dans l'entreprise.

Au cours de l'année dernière, Sangheeta a eu des problèmes de santé suite à un accident de la route pendant lequel elle s'est blessé le dos, la jambe droite et l'épaule droite. Elle est toujours sous traitement pour ses blessures physiques et est souvent fatiguée à la fin de la journée. Elle a du mal à s'asseoir à son bureau et elle a de la difficulté à monter les deux étages du bureau. Malheureusement, ses blessures physiques ont également provoqué une dépression et de l'anxiété. Sangheeta a été absente plusieurs semaines depuis l'accident en raison de ses blessures physiques et du stress.

La patronne de Sangheeta, Alexa, commence à être frustrée par les fréquentes absences de Sangheeta. Elle a appelé aujourd'hui pour dire qu'elle était malade et l'équipe a du précipitamment donner une présentation que Sangheeta était censée faire au PDG. «Je sais que Sangheeta est une employée sérieuse «, a déclaré Alexa, «mais nous dirigeons une société ici. Elle s'est souvent absentée ces derniers temps et c'est au reste de son équipe de s'occuper de son travail. Les gens deviennent frustrés, et son équipe vient maintenant directement me voir. Je n'ai pas le temps pour ça! N'y a-t-il pas quelque chose que l'on puisse faire?

SUJETS DE DISCUSSION

1. Quelle serait votre approche de la situation? Quelles sont les options pour l'entreprise Phare?
2. Quelles conversations pourriez-vous avoir avec Sangheeta?
3. Comment pouvez-vous coacher Alexa?
4. Comment aborderiez-vous cette situation avec l'équipe?
5. Recherchez la législation disponible dans votre juridiction sur les handicaps et l'obligation d'adaptation. Quelles sont les conditions qui obligent un employeur à accommoder ses employés et quelles sont les exceptions?
6. Comment la législation sur les handicaps et le devoir d'accommodement dans votre juridiction diffère-t-elle de la législation d'autres juridictions? Est-ce la même?

SCÉNARIO 2

Sangheeta travaille comme administratrice du bureau dans l'entreprise Phare, une entreprise de huit cents employés, et supervise une équipe de cinq personnes. Elle travaille dans la société depuis plus de douze ans : elle a débuté au bas de l'échelle et a été peu à peu promue en tant que gestionnaire. Ses évaluations de rendement ont toujours été dans la moyenne. Sangheeta n'est pas une star mais est considérée comme une employée sérieuse avec une bonne connaissance de l'entreprise.

Au cours de l'année dernière, Sangheeta a eu des problèmes de santé suite à un accident de la route pendant lequel elle s'est blessé le dos, la jambe droite et l'épaule droite. Elle est toujours sous traitement pour ses blessures physiques et est souvent fatiguée à la fin de la journée. Elle a du mal à s'asseoir à son bureau et elle a de la difficulté à monter les deux étages du bureau. Malheureusement, ses blessures physiques ont également provoqué une dépression et de l'anxiété. Sangheeta a été absente plusieurs semaines depuis l'accident en raison de ses blessures physiques et du stress.

L'équipe de Sangheeta s'est plainte à Alexa, la patronne de Sangheeta, de ses absences fréquentes et du fait que Sangheeta ait été impolie avec plusieurs membres de l'équipe en les critiquant lors de réunions d'équipe et en se concentrant sur de petites erreurs. Alexa est venue vous voir pour obtenir des conseils sur la façon de gérer la situation. «Je sais que Sangheeta est une employée sérieuse», a déclaré Alexa, «mais nous dirigeons une société ici. Elle s'est souvent absentée ces derniers temps et c'est au reste de son équipe de s'occuper de son travail. Les gens deviennent frustrés, et son équipe vient maintenant directement me voir. Je n'ai pas le temps pour ça! N'y a-t-il pas quelque chose que l'on puisse faire?

SUJETS DE DISCUSSION

1. Quelle serait votre approche de la situation? Quelles sont les options pour dans l'entreprise Phare ?
2. Quelles conversations pourriez-vous avoir avec Sangheeta?
3. Mérite-t-elle une mesure disciplinaire? Justifiez votre décision.
4. Comment pouvez-vous coacher Alexa?
5. Comment aborderiez-vous cette situation avec l'équipe?
6. Recherchez la législation disponible dans votre juridiction sur les handicaps et l'obligation d'adaptation. Quelles sont les conditions qui obligent un employeur à accommoder ses employés et quelles sont les exceptions?
7. Comment la législation sur les handicaps et le devoir d'accommodement dans votre juridiction diffère-t-elle de la législation d'autres juridictions? Est-ce la même?

SCÉNARIO 3

Sangheeta travaille comme administratrice du bureau dans l'entreprise Phare, une entreprise de huit cents employés, et supervise une équipe de cinq personnes. Elle travaille dans la société depuis plus de douze ans : elle a débuté au bas de l'échelle et a été peu à peu promue en tant que gestionnaire. Ses évaluations de rendement ont toujours été dans la moyenne. Sangheeta n'est pas une star mais est considérée comme une employée sérieuse avec une bonne connaissance de l'entreprise.

Au cours de l'année dernière, Sangheeta a eu des problèmes de santé suite à un accident de la route. Son médecin l'a autorisée à retourner au travail et votre fournisseur de services aux personnes handicapées vous a conseillé de ne pas prendre en charge un congé d'invalidité ou d'autres mesures d'accommodement. Pourtant, Sangheeta a du mal à s'asseoir à son bureau et elle a de la difficulté à monter les deux étages du bureau. Sangheeta a prévenu sa patronne Alexa qu'elle souffrait de dépression et d'anxiété. Sangheeta a été absente plusieurs semaines depuis l'accident en raison de ses blessures physiques et du stress.

L'équipe de Sangheeta s'est plainte à Alexa, la patronne de Sangheeta, de ses absences fréquentes et du fait que Sangheeta a été impolie avec plusieurs membres de l'équipe en les critiquant lors de réunions d'équipe et en se concentrant sur de petites erreurs. Alexa est venue vous voir pour obtenir des conseils sur la façon de gérer la situation. «Je sais que Sangheeta est une employée sérieuse», a déclaré Alexa, «mais nous dirigeons une société ici. Elle s'est souvent absentée ces derniers temps et c'est au reste de son équipe de s'occuper de son travail. Les gens deviennent frustrés, et son équipe vient maintenant directement me voir. Je n'ai pas le temps pour ça! N'y a-t-il pas quelque chose que l'on puisse faire?

SUJETS DE DISCUSSION

1. Quelle serait votre approche de la situation? Quelles sont les options pour dans l'entreprise Phare ?
2. Quelles conversations pourriez-vous avoir avec Sangheeta?
3. Mérite-t-elle une mesure disciplinaire? Justifiez votre choix.
4. Comment pouvez-vous coacher Alexa?
5. Comment aborderiez-vous cette situation avec l'équipe?
6. Recherchez la législation disponible dans votre juridiction sur les handicaps et l'obligation d'adaptation. Quelles sont les conditions qui obligent un employeur à accommoder ses employés et quelles sont les exceptions?
7. Est-ce que dans l'entreprise Phare devrait proposer des arrangements à Sangheeta? Pourquoi? Si oui, quel type d'accommodement?
8. Comment la législation sur les handicaps et le devoir d'accommodement dans votre juridiction diffère-t-elle de la législation d'autres juridictions? Est-ce la même?

ÉTUDE DE CAS 8

LE CLIENT

SCÉNARIO 1

Christine Papproupa, une gestionnaire dans votre entreprise Aztec, a demandé à vous parler d'un appel téléphonique qu'elle a reçu plus tôt dans la matinée. Elle vous dit que la propriétaire d'un bar fréquemment côtoyé par les employés a appelé pour se plaindre de l'un des employés d'Aztec.

« La propriétaire, Lisa, prétend que l'un de nos employés a été violent et grossier envers le personnel du bar la nuit dernière et qu'elle veut porter plainte » vous dit Christine. « La propriétaire a remarqué que l'employé en question portait une veste avec le logo d'Aztec, et elle a obtenu son nom de la carte de crédit qu'il a utilisé pour payer la facture. »

« Selon Lisa, l'employé, Denis Meunier, a apparemment commencé à crier sur les serveuses, les appelant « pétasses » parce que cela prenait du temps pour amener les boissons. Les camarades de Denis ont rigolé et l'ont encouragé. » Christine dit que Lisa menace d'aller raconter l'histoire aux médias et qu'elle envisage d'interdire aux employés d'Aztec de revenir au bar.

Vous apprenez que cet incident s'est produit après les heures de travail, vers 20 h 30, et il n'est pas clair si les camarades de Denis étaient aussi des employés d>Aztec Venture.

SUJETS DE DISCUSSION

1. Quelle serait votre approche de la situation?
2. L'organisation a-t-elle le droit de surveiller le comportement d'un employé après ses heures de travail, lorsque c'est dans son temps libre?
3. Recherchez la jurisprudence récente pour voir ce que les tribunaux disent du droit d'une entreprise à surveiller les actions des employés à l'extérieur du bureau.
4. Voulez-vous rencontrer Denis? Que lui demanderiez-vous ou que lui diriez-vous?
5. Recommanderiez-vous des mesures disciplinaires contre Denis? Justifiez votre décision. Si mesures disciplinaires il y a, que seraient-elles?
6. Feriez-vous un suivi auprès de Lisa, la propriétaire du bar? Que lui diriez-vous?

SCÉNARIO 2

Christine Papproupa, une gestionnaire dans votre entreprise Aztec, a demandé à vous parler d'un appel téléphonique qu'elle vient de recevoir. Elle vous dit que la propriétaire d'un bar fréquemment côtoyé par les employés a appelé pour se plaindre de l'un des employés d'Aztec.

« La propriétaire, Lisa, prétend que l'un de nos employés a été violent et grossier envers le personnel du bar pendant la pause déjeuner et qu'elle veut porter plainte » vous dit Christine. « La propriétaire a remarqué que l'employé en question portait une veste avec le logo d'Aztec, et elle a obtenu son nom de la carte de crédit qu'il a utilisé pour payer la facture. »

« Selon Lisa, l›employé, Denis Meunier n'était apparemment pas content de son plat et a commencé à crier sur les serveurs. Christine dit que Lisa menace d'aller raconter l'histoire aux médias et qu'elle envisage d'interdire aux employés d'Aztec de revenir au bar.

Aztec autorise une heure de pause pour le déjeuner, non rémunéré, et la plupart des employés sortent pour manger plutôt que d'utiliser la cuisine du bureau.

SUJETS DE DISCUSSION

1. Quelle serait votre approche de la situation?
2. L'organisation a-t-elle le droit de surveiller le comportement d'un employé après ses heures de travail, lorsque c'est dans son temps libre?
3. Recherchez la jurisprudence récente pour voir ce que les tribunaux disent du droit d'une entreprise à surveiller les actions des employés à l'extérieur du bureau.
4. Voulez-vous rencontrer Denis? Que lui demanderiez-vous ou que lui diriez-vous?
5. Recommanderiez-vous des mesures disciplinaires contre Denis? Justifiez votre décision. Si mesures disciplinaires il y a, que seraient-elles?
6. Feriez-vous un suivi auprès de Lisa, la propriétaire du bar? Que lui diriez-vous?

ÉTUDE DE CAS 9

LE DILEMME DE LA DROGUE

SCÉNARIO 1

Jeudi soir à 21h30, alors que vous êtes à la maison en train de regarder un film à la télé, le chef de district de votre région, Kioko, appelle sur votre portable. Elle vous annonce que l'un des chauffeurs-livreurs de votre entreprise, Ryan, a été victime d'un accident de la route pendant le travail. Ryan ne semble pas être blessé. Cependant, lorsque les policiers sont arrivés sur les lieux de l'accident, ils ont trouvé un sachet de marijuana dans la boite à gant du véhicule. Ryan a reconnu que c'était le sien. La police n'a pas accusé Ryan d'infraction. Kioko est sur la scène de l'accident avec Ryan et demande des conseils sur ce qu'il faut faire.

Votre entreprise a une politique stricte en ce qui concerne les drogues et l'alcool. Tous les chauffeurs-livreurs de votre entreprise suivent une formation approfondie sur la sécurité une fois par an, et la politique sur les drogues et l>alcool fait partie de la formation. En plus des dépistages aléatoire de drogues pour tous les conducteurs, la politique de l'entreprise stipule que tous les conducteurs doivent se soumettre à un test d'alcoolémie et de drogues obligatoire immédiatement après un accident, peu importe qui est en faute.

Ryan est un bon conducteur et un bon employé. Au cours des six années où il a travaillé pour votre entreprise, il n'a jamais eu d'accident ou d'incident disciplinaire.

SUJETS DE DISCUSSION

1. Quelle serait la première chose que vous feriez dans ce scénario?
2. Quel type d'enquête mèneriez-vous? Quelles questions poseriez-vous à Ryan?
3. Faites des recherches des lois sur les drogues et l'alcool dans votre juridiction. Les dépistages aléatoires sont-ils autorisés?
4. Faites des recherches sur des politiques efficaces en matière de drogues et d'alcool qui s'appliqueraient dans votre juridiction. Quels éléments les rendent efficaces?
5. Supposons que vous travailliez dans une juridiction où la marijuana est légalisée. Cela a-t-il un impact sur la façon dont vous géreriez cette situation?
6. Quelles sont les circonstances contextuelles qui doivent être considérées dans ce scénario et qui pourraient avoir un effet sur l'issue?
7. Voulez-vous licencier Ryan? Justifiez votre décision.

SCÉNARIO 2

Jeudi soir à 21h30, alors que vous êtes à la maison en train de regarder un film à la télé, le chef de district de votre région, Kioko, appelle sur votre portable. Elle vous annonce que l'un des chauffeurs-livreurs de votre entreprise, Ryan, a été victime d'un accident de la route pendant le travail. Ryan ne semble pas être blessé. Cependant, lorsque les policiers sont arrivés sur les lieux de l'accident, ils ont trouvé un sachet de marijuana dans la boite à gant du véhicule. Ryan a reconnu que c'était le sien. La police a accusé Ryan de conduite avec facultés affaiblies et Kioko demande des conseils sur ce qu'il faut faire.

Votre entreprise a une politique stricte en ce qui concerne les drogues et l'alcool. Tous les chauffeurs-livreurs de votre entreprise suivent une formation approfondie sur la sécurité une fois par an, et la politique sur les drogues et l'alcool fait partie de la formation. En plus des dépistages aléatoire de drogues pour tous les conducteurs, la politique de l'entreprise stipule que tous les conducteurs doivent se soumettre à un test d'alcoolémie et de drogues obligatoire immédiatement après un accident, peu importe qui est en faute.

Dans ce cas, il n'est pas possible de faire passer à Ryan un test d'alcoolémie et de drogues puisqu'il est en prison.

Ryan est un bon conducteur et un bon employé. Au cours des six années où il a travaillé pour votre entreprise, il n'a jamais eu d'accident ou d'incident disciplinaire.

SUJETS DE DISCUSSION

1. Quel type d'enquête mèneriez-vous? Quelles sont les circonstances contextuelles qui doivent être considérées dans ce scénario et qui pourraient avoir un effet sur l'issue?
2. Kioko veut licencier Ryan pour conduite avec facultés affaiblies. Dans quelles circonstances pouvez-vous licencier Ryan? Serait-ce un licenciement avec ou sans motif valable?
3. Faites une recherche sur la jurisprudence récente en matière de cessation d'emploi «pour motif valable». Quels sont les critères principaux pour un licenciement avec motif dans votre juridiction?

SCÉNARIO 3

Jeudi soir à 21h30, alors que vous êtes à la maison en train de regarder un film à la télé, le chef de district de votre région, Kioko, appelle sur votre portable. Elle vous annonce que l'un des chauffeurs-livreurs de votre entreprise, Ryan, a été victime d'un accident de la route pendant le travail. Ryan ne semble pas être blessé. Cependant, lorsque les policiers sont arrivés sur les lieux de l'accident, ils ont trouvé un sachet de marijuana dans la boite à gant du véhicule. Ryan a reconnu que c'était le sien et a dit à la police et à Kioko qu'il avait un certificat médical qui lui permet d'avoir et d'en consommer pour ses symptômes de sclérose en plaques qui peuvent être très débilitants.

Votre entreprise a une politique stricte en ce qui concerne les drogues et l'alcool. Tous les chauffeurs-livreurs de votre entreprise suivent une formation approfondie sur la sécurité une fois par an, et la politique sur les drogues et l'alcool fait partie de la formation. En plus des dépistages aléatoire de drogues pour tous les conducteurs, la politique de l'entreprise stipule que tous les conducteurs doivent se soumettre à un test d'alcoolémie et de drogues obligatoire immédiatement après un accident, peu importe qui est en faute.

Ryan est un bon conducteur et un bon employé. Au cours des six années où il a travaillé pour votre entreprise, il n'a jamais eu d'accident ou d'incident disciplinaire. Jusqu'à présent, vous ne saviez pas que Ryan souffrait de sclérose en plaques ou qu'il avait un certificat médical pour consommer de la marijuana pour ses symptômes.

SUJETS DE DISCUSSION

1. Quel type d'enquête mèneriez-vous?
2. Que dit la loi dans votre juridiction concernant la possession et l'utilisation de marijuana médicale? Quelles sont les responsabilités d'un employé lorsqu'il/elle consomme de la marijuana médicale? Quelles sont les responsabilités de l'employeur?
3. Faut-il accommoder Ryan dans cette situation? Pourquoi?
4. Recommanderiez-vous des mesures disciplinaires dans cette situation? Justifiez votre décision. Si mesures disciplinaires il y a, que seraient-elles? Voulez-vous licencier Ryan?

ÉTUDE DE CAS 10

L'EMPLOYÉ EN ÉTAT D'ÉBRIÉTÉ

SCÉNARIO 1

Sasha Loren est aide-soignante et accompagnante chez Confort à la maison, une association qui fournit des soins à domicile et des repas aux personnes âgées qui ont des difficultés à vivre seules. Elle a rejoint Confort à la maison en 2009, après avoir travaillé comme infirmière dans une maison de retraite. L'emploi du temps de Sasha est en ce moment divisé entre trois clients : Sasha délivre des médicaments que ce soit des comprimés ou des piqûres, aide ses clients à prendre leur bain, prépare les repas et fait même le ménage. En raison de son ancienneté, Sasha est considérée comme une employée chevronnée et sert souvent de mentor aux nouvelles recrues.

Aujourd'hui, le gestionnaire de Sasha a reçu un appel de la fille de l'un de ses clients. La fille a affirmé que Sasha était arrivée en retard chez sa mère et qu'elle semblait ivre. La fille de la cliente était en colère et a menacé de communiquer avec le ministère responsable de la réglementation des entreprises telles que Confort à la maison pour déposer une plainte officielle. Vous avez organisé une réunion avec le manager de Sasha, Syed, pour discuter de la situation et des prochaines étapes.

Pendant la réunion, vous apprenez que la fille de la cliente a senti une odeur d'alcool dans l'haleine de Sasha : ce qui l'a inquiété. Elle a demandé à Sasha de partir et de ne pas revenir. Syed vous raconte qu'il y a eu des situations similaires dans le passé. Dans chacune de ces situations, Syed en a discuté avec Sasha et il a laissé une lettre dans son dossier. Lorsque vous étudiez le dossier de l'employée, vous voyez des lettres disciplinaires datées de mars 2010, juin 2012 et février 2015. En parcourant la lettre de mars 2010, vous constatez qu'il fait référence à un incident où Sasha s'est présenté en retard avec des troubles de l'élocution, des yeux vitreux et une haleine alcoolisée. Vous remarquez le dernier paragraphe de la lettre qui stipule:

« Cette lettre restera dans votre dossier pendant une période de deux ans, après quoi elle sera retirée à moins qu'un autre incident du même genre survienne au cours de cette période. »

Cette clause est mentionnée dans les trois lettres au dossier.

Syed vous dit que le premier incident s'est produit pendant le divorce de Sasha, qui a été décrit comme « un divorce difficile ». Sasha n>avait pas bien supporté le divorce et a admis avoir utilisé l'alcool comme une béquille. Après le deuxième incident en juin 2012, Sasha a été suspendue de son travail pendant trois jours et a dû assister à une séance obligatoire d'assistance socio-psychologique dans le cadre de son programme d'aide aux employés.

Il y a une semaine, Sasha a dit à Syed qu'elle avait consulté un psychologue qui lui avait recommandé de prendre un congé maladie, mais Syed a refusé la demande parce qu'il manquait de personnel.

Syed est frustré par le comportement de Sasha, disant que cela peut endommager la réputation auprès des clients et auprès de l'organisme de réglementation qui octroie des licences à l'association. Il veut licencier Sasha avec motif valable et demande vos conseils.

SUJETS DE DISCUSSION

1. Sasha est-elle coupable ou non? Pourquoi?
2. Les lettres de mars 2010, de juin 2012 et de février 2015 comportent chacune une « clause de temporisation » qui indique que les lettres seront retirées deux ans après la date de la lettre, sauf si l'incident se répète. Ces lettres auraient-elles dû être retirées?
3. Si ces lettres avaient dû être purgées, prenez-les-vous en compte pour déterminer s'il y a un motif valable de licenciement?
4. Syed semblait être au courant de la consommation régulière d'alcool de Sasha. L'employeur a-t-il une obligation d'accommodement même si l'employé n'admet aucune dépendance? Faites des recherches sur la jurisprudence et la législation de votre juridiction pour apprendre ce que dit la loi à cet égard.
5. Soutenez-vous la décision de Syed de mettre fin à l'emploi de Sasha? Pourquoi? Est-ce un licenciement avec ou sans motif?

SCÉNARIO 2

Sasha Loren est aide-soignante et accompagnante chez Confort à la maison, une association qui fournit des soins à domicile et des repas aux personnes âgées qui ont des difficultés à vivre seules. Elle a rejoint Confort à la maison en 2009, après avoir travaillé comme infirmière dans une maison de retraite. L'emploi du temps de Sasha est en ce moment divisé entre trois clients : Sasha délivre des médicaments que ce soit des comprimés ou des piqûres, aide ses clients à prendre leur bain, prépare les repas et fait même le ménage. En raison de son ancienneté, Sasha est considérée comme une employée chevronnée et sert souvent de mentors aux nouvelles recrues.

Aujourd'hui, le gestionnaire de Sasha a reçu un appel de la fille de l'un de ses clients. La fille a affirmé que Sasha était arrivée en retard chez sa mère et qu'elle semblait ivre. La fille de la cliente était en colère et a menacé de communiquer avec le ministère responsable de la réglementation des entreprises telles que Confort à la maison pour déposer une plainte officielle. Vous avez organisé une réunion avec le manager de Sasha, Syed, pour discuter de la situation et des prochaines étapes.

Pendant la réunion, vous apprenez que la fille de la cliente a senti une odeur d'alcool dans l'haleine de Sasha : ce qui l'a inquiété. Elle a demandé à Sasha de partir et de ne pas revenir. Syed vous raconte qu'il y a eu des situations similaires dans le passé mais qu'il ne se rappelle pas des dates. Dans chacune de ces situations, Syed en a discuté avec Sasha mais aucune lettre ou note n'a été laissée dans son dossier.

Syed vous dit que le premier incident s'est produit pendant le divorce de Sasha, qui a été décrit comme « un divorce difficile ». Sasha n>avait pas bien supporté le divorce et a admis avoir utilisé l'alcool comme une béquille.

Il y a une semaine, Sasha a dit à Syed qu'elle avait consulté un psychologue qui lui avait recommandé de prendre un congé maladie, mais Syed a refusé la demande parce qu'il manquait de personnel.

Syed est frustré par le comportement de Sasha, disant que cela peut endommager la réputation auprès des clients et auprès de l'organisme de réglementation qui octroie des licences à l'association. Il veut licencier Sasha avec motif valable et demande vos conseils.

SUJETS DE DISCUSSION

1. Sasha est-elle coupable ou non? Pourquoi?
2. Il n'y a pas de lettres ou d'autres documents dans le dossier concernant ces incidents. Est-ce que cela change votre approche et vos conseils à Syed par rapport au scénario 1? Pourquoi?
3. Syed semblait être au courant de la consommation régulière d'alcool de Sasha. L'employeur a-t-il une obligation d'accommodement même si l'employé n'admet aucune dépendance? Faites des recherches sur la jurisprudence et la législation de votre juridiction pour apprendre ce que dit la loi à cet égard.
4. Soutenez-vous la décision de Syed de mettre fin à l'emploi de Sasha? Justifiez votre décision. Est-ce un licenciement avec ou sans motif?

ÉTUDE DE CAS 11

LE CODE VESTIMENTAIRE

SCÉNARIO 1

Vous êtes un généraliste en ressources humaines pour Pizza de Pietro, une chaîne de restaurants populaire auprès des jeunes adultes âgés de 18 à 35 ans. Il y a deux ans, Pizza de Pietro était avant tout un restaurant familial, mais au cours des vingt-quatre derniers mois, les propriétaires ont rénové les restaurants pour séduire une clientèle plus jeune: addition de bars diffusant des évènements sportifs, happy hour de 16h à 18h et ils ont commencé à embaucher des étudiants universitaires dynamiques pour être serveurs, barmen et hôtesses. À peu près à la même époque, la direction de Pizza de Pietro a introduit un code vestimentaire qui mettait fin aux pantalons noirs et chemises à manches courtes et à boutons rouges avec le logo.

Maintenant, les hommes employés portent des pantalons noirs et des chemises noires à manches longues (avec les manches relevées) tandis que les femmes employées portent des débardeurs noirs près du corps avec des jupes courtes noires et des talons hauts. Dans l'ensemble, ces changements ont été très fructueux pour la chaîne; les ventes ont augmenté de 200% par rapport à l'année précédente, et il y avait souvent de l'attente pour avoir une table les jeudis, vendredis et samedis soirs.

Cependant, ces changements ne se sont pas passés sans poser de problèmes. Certains employés de longue date ont été congédiés, des clients réguliers se plaignent de l'absence de choix alimentaires pour la famille, et des revues négatives ont été postées sur Facebook à propos de leurs politiques de recrutement après qu'une candidate n'ait pas sélectionnée parce qu'elle ne correspondait à l'image de la pizzéria.

Aujourd'hui, vous avez reçu un appel d'une des serveuses, Natasha, qui dit ne pas se sentir à l'aise au travail avec son débardeur noir, sa jupe courte et ses hauts talons : elle préfèrerait porter un pantalon noir et une chemise comme les employés hommes. Elle mentionne pendant votre discussion qu'elle ne veut pas perdre son emploi parce qu'elle compte sur son salaire et de ses pourboires pour payer ses frais de scolarité à l'université, mais qu'elle ne veut pas non plus s'habiller de façon impudique. Elle a été mal à l'aise en soulevant cela avec le gérant du restaurant par crainte de répercussion et vous a demandé d'intervenir en son nom.

SUJETS DE DISCUSSION

1. Que disent les lois et les droits de l'homme de votre province concernant le code vestimentaire au travail?
2. Natasha peut-elle refuser de suivre le code vestimentaire des employées?
3. Natasha peut-elle être licenciée si elle ne veut pas suivre ce code vestimentaire? Devrait-elle être licenciée?
4. Quel conseil donneriez-vous à l'équipe de direction de la chaîne de pizzerias Pietro?
5. Quelles sont les implications de ce code vestimentaire sur le recrutement ou la rétention des employés?

SCÉNARIO 2

Vous êtes un généraliste en ressources humaines pour Croix du Sud, une entreprise de conseil qui fournit des conseils financiers et fiscaux à certaines des plus grandes entreprises du pays. L'entreprise existe depuis quatorze ans et ses revenus annuels dépassent les six cent millions de dollars. Elle est détenue par un groupe de cinq partenaires et est généralement connue dans l'industrie comme étant très conservatrice et une « valeur sure ». Les associés, tous diplômés de MBA, travaillent de longues heures mais sont récompensés avec une bonne rémunération et des congés supplémentaires à la fin des gros projets.

En raison de sa clientèle, Croix du Sud a imposé un code vestimentaire à ses employés: des costumes ou tailleurs classiques bleu, gris ou noir pour les hommes et les femmes; pas de tatouages visibles; pas de couleur de cheveux qui «ne se trouve pas naturellement dans la nature»; pas de piercings visibles à l'exception des boucles d'oreilles pour les femmes; pas de barbe pour les hommes et coiffures soignées pour tous les employés.

Aujourd'hui, vous et le gestionnaire de bureau, Renaud, faites passer un entretien d'embauche à un candidat pour un poste de consultant principal en gestion. Le curriculum vitae du candidat est impeccable: il est diplômé d'une université prestigieuse et en tête de sa classe, 5 ans d'expérience avec un concurrent réputé, bénévole et membre du conseil d'administration de divers organismes de bienfaisance; et succès démontré en tant que consultant. Cependant, selon Renaud, il y a un problème: le candidat a une boucle d'oreille en diamant dans son oreille gauche, et un tatouage visible sur son poignet et les articulations de sa main droite. Renaud est préoccupé par le fait que l'apparence du candidat peut être une distraction pour les clients, et peut amener d'autres associés dans l'entreprise à faire des exceptions aux règles du code vestimentaire.

SUJETS DE DISCUSSION

1. Que disent les lois et les droits de l'homme de votre province concernant le code vestimentaire au travail?
2. Pouvez-vous, sur les conseils de Renaud, refuser d'embaucher ce candidat en raison de son piercing et tatouage visibles?
3. Pouvez-vous exiger que les employés enlèvent les piercings visibles et de couvrir leurs tatouages pendant qu'ils travaillent?
4. Quels conseils donneriez-vous à l'équipe de gestion de Croix du Sud dans ce cas?

ÉTUDE DE CAS 12

LES REBUTS

SCÉNARIO 1

Ming est gérant adjoint chez Épicerie Gravel, un supermarché dans un quartier aisé. Il a commencé à travailler là-bas il y a six ans en tant que commis et est ensuite devenu caissier avant d'être promu à son poste actuel. Il connaît le nom de plusieurs des clients réguliers et est apprécié de ses collègues et de son gérant, John.

Il y a une chose que Ming n'aime pas de son travail : jeter les aliments périmés et les produits de boulangerie défraîchis. Malgré les initiatives qu'il a mises en place pour réduire le gaspillage, environ 100 lb d'aliments (yogourt, lait, fromage, fruits et légumes meurtris, muffins et beignes rassis, etc.) sont jetées chaque jour dans le conteneur à déchets derrière l'épicerie. Ça le désole, car il sait que, bien souvent, la nourriture peut encore être consommée des jours – voire des semaines – après la date de péremption ou « Meilleur avant » que les fabricants mettent sur leurs produits pour indiquer jusqu'à quand ils en garantissent la fraîcheur et le goût. Mais les clients sont réticents à acheter des aliments périmés ou des fruits et légumes étant le moindrement flétris.

Un jour, Ming se dit qu'il pourrait donner à un refuge pour sans-abris une partie ou la totalité de la nourriture jetée. Il revient donc à l'épicerie après la fermeture avec une échelle et des boîtes pour sortir des aliments du conteneur à déchets, comme des pains, et les emballer. Il emporte ensuite les six boîtes qu'il a préparées au refuge pour sans-abris et fait don de la nourriture, au plus grand bonheur des bénévoles qui lui en sont très reconnaissants. Ming répète l'exercice à la fin de son quart de travail pendant deux semaines. Il est très heureux de savoir que les aliments vont à des gens dans le besoin au lieu d'être gaspillés.

Par pur hasard, un soir, John passe près de l'épicerie en voiture et voit quelqu'un monter dans le conteneur à déchets. Il s'arrête et réalise que c'est Ming. Il se met en colère et confronte Ming, l'accusant de vol. Ming lui explique ce qu'il fait de la nourriture, mais John refuse de l'écouter. Il le renvoie sur-le-champ et lui interdit de se présenter au travail le lendemain. Il lui dit aussi qu'il appellera la police pour porter des accusations criminelles contre lui.

SUJETS DE DISCUSSION

1. Est-ce que la réaction de John était appropriée? Pourquoi?
2. Est-ce que Ming devrait être renvoyé? Pourquoi? Si vous pensez qu'il devrait l'être, serait-ce un licenciement avec ou sans motif valable?
3. Ming aurait-il dû gérer la situation autrement? Comment?
4. Quel conseil donneriez-vous à John dans cette situation?
5. Que faudrait-il faire pour éviter que cette situation se reproduise?

SCÉNARIO 2

Ming est gérant adjoint chez Épicerie Gravel, un supermarché dans un quartier aisé. Il a commencé à travailler là-bas il y a six ans en tant que commis et est ensuite devenu caissier avant d'être promu à son poste actuel. Il connaît le nom de plusieurs des clients réguliers et est apprécié de ses collègues et de son gérant, John.

Il y a une chose que Ming n'aime pas de son travail : jeter les aliments périmés et les produits de boulangerie défraîchis. Malgré les initiatives qu'il a mises en place pour réduire le gaspillage, environ 100 lb d'aliments (yogourt, lait, fromage, fruits et légumes meurtris, muffins et beignes rassis, etc.) sont jetées chaque jour dans le conteneur à déchets derrière l'épicerie. Ça le désole, car il sait que, bien souvent, la nourriture peut encore être consommée des jours – voire des semaines – après la date de péremption ou « Meilleur avant » que les fabricants mettent sur leurs produits pour indiquer jusqu'à quand ils en garantissent la fraîcheur et le goût. Mais les clients sont réticents à acheter des aliments périmés ou des fruits et légumes étant le moindrement flétris.

Un jour, Ming a mis de côté du pain, des fruits et des légumes de la veille et les a ramenés à la maison pour les donner à ses voisins, qui sont des réfugiés venant d'arriver et qui n'ont pas beaucoup d'argent. La famille était très reconnaissante pour la nourriture. Ming répète l'exercice à la fin de son quart de travail pendant deux semaines. Il est très heureux de savoir que la nourriture n'est pas gaspillée.

Aujourd'hui, son manager, John, remarque que Ming part du magasin avec une boîte sous le bras. Il confronte Ming, demandant ce qu'il y a dans la boîte. Ming lui explique ce qu'il fait de la nourriture, mais John se met en colère et l'accuse de vol. Il le renvoie sur-le-champ et lui interdit de se présenter au travail le lendemain. Il lui dit aussi qu'il appellera la police pour porter des accusations criminelles contre lui.

SUJETS DE DISCUSSION

1. Est-ce que la réaction de John était appropriée? Pourquoi?
2. Est-ce que Ming devrait être renvoyé? Pourquoi? Si vous pensez qu'il devrait l'être, serait-ce un licenciement avec ou sans motif valable?
3. Ming aurait-il dû gérer la situation autrement? Comment?
4. Quel conseil donneriez-vous à John dans cette situation?
5. Cette situation diffère-t-elle du scénario 1? Si oui, en quoi?
6. Que faudrait-il faire pour éviter que cette situation se reproduise?

SCÉNARIO 3

Ming est gérant adjoint chez Épicerie Gravel, un supermarché dans un quartier aisé. Il a commencé à travailler là-bas il y a six ans en tant que commis et est ensuite devenu caissier avant d'être promu à son poste actuel. Il connaît le nom de plusieurs des clients réguliers et est apprécié de ses collègues et de son gérant, John.

Il y a une chose que Ming n'aime pas de son travail : jeter les aliments périmés et les produits de boulangerie défraîchis. Malgré les initiatives qu'il a mises en place pour réduire le gaspillage, environ 100 lb d'aliments (yogourt, lait, fromage, fruits et légumes meurtris, muffins et beignes rassis, etc.) sont jetées chaque jour dans le conteneur à déchets derrière l'épicerie. Ça le désole, car il sait que, bien souvent, la nourriture peut encore être consommée des jours – voire des semaines – après la date de péremption ou « Meilleur avant » que les fabricants mettent sur leurs produits pour indiquer jusqu'à quand ils en garantissent la fraîcheur et le goût. Mais les clients sont réticents à acheter des aliments périmés ou des fruits et légumes étant le moindrement flétris.

Un jour, Clarence, un des employés, propose a Ming de donner une partie de la nourriture jetée à un refuge pour sans-abris. Ming accepte et pendant deux semaines, il aide Clarence à emballer et emporter au refuge plusieurs centaines de livres de nourriture expirée mais mangeable. Ming et Clarence sont très heureux de savoir que les aliments ne sont pas gaspillés.

Aujourd'hui, son manager, John, remarque que Clarence et Ming emballent de la nourriture et leur demande ce qui se passe. Ming lui explique ce qu'ils font de la nourriture, mais John se met en colère et les accuse tous les deux de vol. Il les renvoie sur-le-champ et leur interdit de se présenter au travail le lendemain. John leur dit aussi qu'il appellera la police pour porter des accusations criminelles contre eux deux.

SUJETS DE DISCUSSION

1. Est-ce que la réaction de John était appropriée? Pourquoi?
2. Est-ce que Ming devrait être renvoyé? Pourquoi? Si vous pensez qu'il devrait l'être, serait-ce un licenciement avec ou sans motif valable?
3. Est-ce que Clarence devrait être renvoyé? Pourquoi? Si vous pensez qu'il devrait l'être, serait-ce un licenciement avec ou sans motif valable?
4. Quel conseil donneriez-vous à John dans cette situation?
5. Cette situation diffère-t-elle des scénarios 1 et 2? Si oui, en quoi?

ÉTUDE DE CAS 13

LE LICENCIEMENT

SCÉNARIO 1

Marcel est graphiste et travaille pour une petite agence de publicité depuis deux ans. Il y a toujours beaucoup de pression pour respecter les échéances. De plus, travailler avec une équipe créative et exigeante est souvent stressant et source de tensions. Malgré cela, Marcel aime son travail.

Depuis quelque temps, cependant, Cynthia, la patronne de Marcel, est très dure avec l'équipe composée de huit personnes. Le client actuel de l'agence n'a pas aimé ce qu'on lui a présenté à la dernière réunion et menace de mettre fin à la relation d'affaires. Après une réunion particulièrement houleuse, Cynthia éclate et se déchaîne contre Marcel : « Va-t'en! Sors d'ici! J'en ai assez de toi et de tes idées ennuyeuses à mourir! Tu n'as pas une once de créativité. Un bon à rien comme toi devrait se recycler en concierge et nous laisser travailler en paix. Dehors! »

Sous le choc, Marcel ramasse ses affaires et quitte le bureau. Le lendemain après-midi, il est encore plus surpris lorsque Cynthia lui téléphone pour savoir pourquoi il n'est pas venu travailler. De son point de vue, on l'avait publiquement et catégoriquement mis à la porte. Cynthia insiste qu'elle ne l'a pas renvoyé, qu'elle ne faisait que se défouler après une semaine stressante et qu'elle ne pensait pas ce qu'elle a dit.

SUJETS DE DISCUSSION

1. Est-ce que Marcel a été renvoyé? Qu'est-ce qui vous fait penser ça?
2. Est-ce que le comportement de Cynthia nuit à sa relation de travail avec Marcel, ou à la relation de travail entre Marcel et ses autres collègues?
3. Est-ce que cet incident constitue un licenciement déguisé?
4. Quel conseil donneriez-vous au supérieur de Cynthia dans cette situation?
5. Quel genre d'encadrement ou de rétroaction donneriez-vous à Cynthia?
6. Diriez-vous à Marcel de revenir au bureau? Que faudrait-il faire pour qu'il revienne après un tel incident?

SCÉNARIO 2

Marcel est graphiste et travaille pour une petite agence de publicité depuis deux ans. Il y a toujours beaucoup de pression pour respecter les échéances. De plus, travailler avec une équipe créative et exigeante est souvent stressant et source de tensions. Malgré cela, Marcel aime son travail.

Depuis quelque temps, cependant, Cynthia, la patronne de Marcel, est très dure avec l'équipe composée de huit personnes. Le client actuel de l'agence n'a pas aimé ce qu'on lui a présenté à la dernière réunion et menace de mettre fin à la relation d'affaires.

Après une réunion particulièrement houleuse pendant laquelle Cynthia critique le travail de l'équipe, Marcel se lève et crie: « Ça suffit! J'en ai marre de vos critiques et de votre intimidation! Vous pensez que vous pouvez nous crier dessus toute la journée et ne jamais avoir de retombées. Eh bien, vous ne pouvez pas! Je démissionne! ». Marcel quitte précipitamment la salle de réunion et part du bureau.

Le lendemain, Marcel est venu au travail comme si de rien n'était. Malgré qu'il ait l'air un peu renfermé, il ne parle à personne de l'incident pendant la réunion. Cynthia est confuse: de son point de vue, Marcel a indéniablement démissionné de son travail. Du point de vue de Marcel, il avait perdu son calme lors d'une réunion houleuse et avait exprimé ses frustrations, mais n'a pas vraiment eu l'intention de démissionner.

Cynthia a demandé à vous parler car elle ne sait pas comment gérer cette situation.

SUJETS DE DISCUSSION

1. Est-ce que Marcel a démissionné?
2. Quels critères doivent être considérés pour considérer une démission?
3. Quelles circonstances contextuelles devant être considérées dans ce scénario pourraient avoir un effet sur l'issue de la situation?
4. Quel conseil donneriez-vous au supérieur de Cynthia dans cette situation?
5. Quel genre d'encadrement donneriez-vous à Marcel?

ÉTUDE DE CAS 14

LA ROMANCE DE BUREAU

SCÉNARIO 1

C'est lundi matin; tout est calme. Vous lisez vos courriels en buvant un café et tombez tout à coup sur un message marqué comme « Urgent! » provenant de Robert Nuance, le directeur des ventes de votre entreprise, le cabinet de gestion de placements Jessi. Le message se lit comme suit :

> Bonjour. Il faut qu'on parle de Joannie et Vasili. Ils commencent à taper sur les nerfs de l'équipe. Ce n'est un secret pour personne qu'ils sortent ensemble, mais des gens sont venus se plaindre de la façon dont ils « montrent publiquement leur affection » et n'arrêtent pas de se faire « des yeux doux » durant les réunions et tout au long de la journée. Ça dérange tout le monde et personne n'arrive à réaliser des ventes ces jours-ci!

Joannie Belle est directrice de comptes et travaille pour l'entreprise depuis trois ans. Elle est une bonne employée et est appréciée de ses clients. L'an dernier, elle a remporté un prix décerné aux trois meilleurs vendeurs de l'entreprise. Cette année, cependant, son rendement n'est pas aussi bon, et vous vous demandez si sa nouvelle relation avec Vasili la distrait.

Vasili Petrov travaille pour l'entreprise depuis sept ans. Il est lui aussi considéré comme l'un des meilleurs vendeurs, mais il ne s'est pas classé parmi les trois meilleurs depuis quelques années. Vous vous rappelez qu'il y a deux ans, il a vécu un divorce difficile qui l'a ébranlé tant sur le plan personnel que sur le plan professionnel. Il a commencé à sortir avec Joannie il y a sept mois et, depuis, il semble avoir rajeuni et être plus heureux.

Joannie et Vasili n'ont jamais caché le début de leur histoire d'amour, mais vous vous inquiétez du moral de l'équipe ces jours-ci et de l'agacement qu'expriment des gens face à leur relation. Le cabinet de gestion de placements Jessi n'a pas de politique sur les relations amoureuses entre collègues et ce n'est pas la première fois que des collègues sortent ensemble. D'ailleurs, au cours des dernières années, au moins deux couples se sont formés dans l'entreprise et se sont mariés.

SUJETS DE DISCUSSION

1. Comment géreriez-vous cette situation?
2. Quel conseil donneriez-vous à Robert Nuance?
3. Le cas échéant, quel genre de discussion auriez-vous avec Joannie et Vasili? Les rencontreriez-vous ensemble ou séparément?
4. Discuteriez-vous de la situation avec l'équipe des ventes? Si oui, comment?
5. Est-ce que le cabinet de gestion de placements Jessi devrait se doter d'une politique officielle sur les relations amoureuses entre collègues? Faites des recherches pour trouver des exemples de telles politiques. Recommanderiez-vous d'en mettre une en place?

SCÉNARIO 2

C'est lundi matin; tout est calme. Vous lisez vos courriels en buvant un café et tombez tout à coup sur un message marqué comme « Urgent! » provenant de Robert Nuance, le directeur des ventes de votre entreprise, le cabinet de gestion de placements Jessi. Le message se lit comme suit :

> Bonjour. Il faut qu'on se parle. Les employés dans le département commencent à s'énerver à cause des rumeurs circulant à propos de Joannie et Vasili. Ça dérange tout le monde et personne n'arrive à réaliser des ventes ces jours-ci!

Joannie belles directrice de comptes et travaille pour l'entreprise depuis trois ans. Elle est une bonne employée et est appréciée de ses clients. L'an dernier, elle a remporté un prix décerné aux trois meilleurs vendeurs de l'entreprise. Cette année, cependant, son rendement n'est pas aussi bon.

Vasili Petrov travaille pour l'entreprise depuis sept ans. Il est lui aussi considéré comme l'un des meilleurs vendeurs, même s'il n'a pas été dans le classement des trois meilleurs depuis quelques années.

Joannie et Vasili sont mariés à d'autres personnes. Les rumeurs sur leur aventure extraconjugale ont commencé il y a environ quatre mois, mais vous avez été incapable de le confirmer. Eden, une fervente chrétienne, s'est plainte de ce qu'elle pensait être un « comportement immoral ». A l'époque, vous lui aviez dit - poliment, bien sûr - de s'occuper de ses affaires et de ne pas colporter de commérages. Mais à en croire l>e-mail de Robert, la situation pourrait bien être est en train de s'aggraver.

SUJETS DE DISCUSSION

1. Comment géreriez-vous cette situation?
2. Quel conseil donneriez-vous à Robert Nuance?
3. Le cas échéant, quel genre de discussion auriez-vous avec Joannie et Vasili? Les rencontreriez-vous ensemble ou séparément?
4. Discuteriez-vous de la situation de nouveau avec Eden? Si oui, que diriez-vous?
5. Est-ce que le fait que Joannie et Vasili soient tous les deux mariés change votre manière d'approcher la situation? Auriez-vous les mêmes inquiétudes s'ils étaient célibataires?
6. Est-ce que le cabinet de gestion de placements Jessi devrait se doter d'une politique officielle sur les relations amoureuses entre collègues? Faites des recherches pour trouver des exemples de telles politiques. Recommanderiez-vous d'en mettre une en place?
7. Quelles recommandations feriez-vous dans cette situation?

SCÉNARIO 3

C'est lundi matin; tout est calme. Vous lisez vos courriels en buvant un café et tombez tout à coup sur un message marqué comme « Urgent! » provenant de Robert Nuance, le directeur des ventes de votre entreprise, le cabinet de gestion de placements Jessi. Le message se lit comme suit :

> Bonjour. Il faut qu'on se parle. Les employés dans le département commencent à s'énerver à cause des rumeurs circulant à propos de Joannie et Vasili. Ça dérange tout le monde et personne n'arrive à réaliser des ventes ces jours-ci!

Joannie Belle est directrice de comptes et travaille pour l'entreprise depuis trois ans. Elle est une bonne employée et est appréciée de ses clients. L'an dernier, elle a remporté un prix décerné aux trois meilleurs vendeurs de l'entreprise. Cette année, cependant, son rendement n'est pas aussi bon.

Vasili Petrov supervise le département des ventes et est le gestionnaire direct de Joannie. Il travaille pour l'entreprise depuis sept ans et a été promu grâce à ses qualités de vendeur et de leader charismatique. Il est très apprécié des clients et de ses employés.

Joannie et Vasili sont tous les deux célibataires. Les rumeurs sur leur liaison ont commencé il y a environ quatre mois, mais vous avez été incapable de le confirmer. Certains membres de l'équipe se sont plaints de favoritisme et pensent que Joannie bénéficie de traitement de faveur du fait de leur liaison. Mais à en croire l'e-mail de Robert, la situation pourrait bien être est en train de s'aggraver.

SUJETS DE DISCUSSION

1. Comment géreriez-vous cette situation?
2. Quel conseil donneriez-vous à Robert Nuance?
3. Le cas échéant, quel genre de discussion auriez-vous avec Joannie et Vasili? Les rencontreriez-vous ensemble ou séparément?
4. Est-ce que le fait que Vasili supervise Joannie change votre manière d'approcher la situation? Auriez-vous les mêmes inquiétudes s'ils étaient simplement collègues?
5. Quelles recommandations feriez-vous dans cette situation?

ÉTUDE DE CAS 15

LE STAGIAIRE

SCÉNARIO 1

Le transporteur aérien Air Fleur embauche plus de 50 personnes par mois dans le cadre de son programme de formation de huit semaines pour les agents de centre d'appels. Bien qu'il s'agisse d'un programme intensif et compétitif, il y a toujours un nombre élevé de candidatures, notamment parce que les employés ont la possibilité de voyager gratuitement jusqu'aux destinations desservies par l'entreprise.

Les participants au programme doivent passer un examen chaque vendredi. La note de passage est de 85 %. Ceux qui échouent ont la possibilité de repasser l'examen, mais ils sont expulsés du programme et renvoyés s'ils l'échouent une deuxième fois. Habituellement, moins de la moitié des personnes qui s'inscrivent au programme le terminent et poursuivent une carrière chez Air Fleur. La formation est si rigoureuse que ceux qui la réussissent sont considérés comme des employés d'élite et surnommés des « Fleur-azones ».

Carl Basquin participe au programme depuis deux semaines. Avant de se joindre à Air Fleur, il travaillait comme représentant marketing chez Cosmo Marketing, un fournisseur d'articles promotionnels. Son style extraverti et combatif lui a valu de se classer deuxième pour ce qui est des commissions touchées, mais il voulait tenter une carrière dans l'industrie du voyage. C'est pourquoi il a quitté Cosmo Marketing pour se joindre à Air Fleur.

Durant ses deux premières semaines, Carl démontre qu'il est un stagiaire motivé et enthousiaste. Il pose beaucoup de questions et n'a pas peur de prendre la parole. Au début, sa formatrice, Barbara Jablonsky, voit sa

vivacité d'un bon œil. Par contre, au quatrième jour, elle remarque que les questions fréquentes de Carl perturbent le déroulement de la formation et irritent les autres participants. Plus d'une fois, elle remarque qu'ils lèvent les yeux au ciel quand Carl lève la main.

Le vendredi de la deuxième semaine, Barbara parle avec Carl en privé : « Carl, j'aime l'enthousiasme dont tu fais preuve durant le cours, mais je te demanderais de faire des commentaires un peu moins souvent. J'aimerais que chaque participant ait une chance égale de poser des questions. » Carl dit qu'il comprend et promet qu'il va dorénavant « mettre la pédale douce ».

Toutefois, le lundi suivant, Carl communique avec les Ressources humaines pour porter plainte contre Barbara. Lorsque vous lui parlez, il vous dit qu'il pense que Barbara « en a après lui » et veut qu'il échoue pour qu'on le renvoie. Il dit que Barbara l'a pris pour cible et qu'il ne lui fait plus confiance en tant que formatrice.

SUJETS DE DISCUSSION

1. Comment géreriez-vous cette situation?
2. Quelles questions poseriez-vous à Carl par rapport à sa déclaration?
3. Quelles questions poseriez-vous à Barbara dans le cadre de votre enquête?
4. Poseriez-vous des questions aux autres participants du programme?
5. Quels sont les éléments contextuels dont il faut tenir compte dans ce scénario et qui pourraient influencer l'issue de l'enquête?
6. Comme Carl est chez Air Fleur depuis seulement deux semaines et qu'il n'est pas garanti qu'il réussisse le programme, quels conseils donneriez-vous au supérieur de Carl et de Barbara?

SCÉNARIO 2

Le transporteur aérien Air Fleur embauche plus de 50 personnes par mois dans le cadre de son programme de formation de huit semaines pour les agents de centre d'appels. Bien qu'il s'agisse d'un programme intensif et compétitif, il y a toujours un nombre élevé de candidatures, notamment parce que les employés ont la possibilité de voyager gratuitement jusqu'aux destinations desservies par l'entreprise.

Les participants au programme doivent passer un examen chaque vendredi. La note de passage est de 85 %. Ceux qui échouent ont la possibilité de repasser l'examen, mais ils sont expulsés du programme et renvoyés s'ils l'échouent une deuxième fois. Habituellement, moins de la moitié des personnes qui s'inscrivent au programme le terminent et poursuivent une carrière chez Air Fleur. La formation est si rigoureuse que ceux qui la réussissent sont considérés comme des employés d'élite et surnommés des « Fleur-azones ».

Carl Basquin participe au programme depuis deux semaines. Avant de se joindre à Air Fleur, il travaillait comme représentant marketing chez Cosmo Marketing, un fournisseur d'articles promotionnels. Son style extraverti et combatif lui a valu de se classer deuxième pour ce qui est des commissions touchées, mais il voulait tenter une carrière dans l'industrie du voyage. C'est pourquoi il a quitté Cosmo Marketing pour se joindre à Air Fleur.

Durant ses deux premières semaines, Carl démontre qu'il est un stagiaire motivé et enthousiaste. Il pose beaucoup de questions et n'a pas peur de prendre la parole. Au début, sa formatrice, Barbara Jablonsky, voit sa

vivacité d'un bon œil. Par contre, au quatrième jour, elle remarque que les questions fréquentes de Carl perturbent le déroulement de la formation et irritent les autres participants. Plus d'une fois, elle remarque qu'ils lèvent les yeux au ciel quand Carl lève la main.

Au milieu de la deuxième semaine, Barbara en a assez. Elle lui adresse la parole devant les autres participants et lui dit: « Carl, pourriez-vous s'il vous plaît vous taire? Vos interruptions distraient toute la classe! ». Surpris par la réaction de Barbara, Carl reste silencieux tout le reste de la journée.

Le lendemain, Carl communique avec les Ressources humaines pour porter plainte contre Barbara. Il vous décrit la situation et déclare que Barbara l'a humilié et embarrassé devant ses camarades. Il vous dit qu'il voudrait que Barbara soit licenciée pour intimidation.

SUJETS DE DISCUSSION

1. Comment géreriez-vous cette situation?
2. Quelles questions poseriez-vous à Carl par rapport à sa déclaration?
3. Quelles questions poseriez-vous à Barbara dans le cadre de votre enquête?
4. Poseriez-vous des questions aux autres participants du programme?
5. Quels sont les éléments contextuels dont il faut tenir compte dans ce scénario et qui pourraient influencer l'issue de l'enquête?
6. Proposeriez-vous une approche et une issue différentes dans le scénario 2 par rapport au scénario 1? Pourquoi?

SCÉNARIO 3

Le transporteur aérien Air Fleur embauche plus de 50 personnes par mois dans le cadre de son programme de formation de huit semaines pour les agents de centre d'appels. Bien qu'il s'agisse d'un programme intensif et compétitif, il y a toujours un nombre élevé de candidatures, notamment parce que les employés ont la possibilité de voyager gratuitement jusqu'aux destinations desservies par l'entreprise.

Les participants au programme doivent passer un examen chaque vendredi. La note de passage est de 85 %. Ceux qui échouent ont la possibilité de repasser l'examen, mais ils sont expulsés du programme et renvoyés s'ils l'échouent une deuxième fois. Habituellement, moins de la moitié des personnes qui s'inscrivent au programme le terminent et poursuivent une carrière chez Air Fleur. La formation est si rigoureuse que ceux qui la réussissent sont considérés comme des employés d'élite et surnommés des « Fleur-azones ».

Carl Basquin participe au programme depuis deux semaines. Avant de se joindre à Air Fleur, il travaillait comme représentant marketing chez Cosmo Marketing, un fournisseur d'articles promotionnels. Son style extraverti et combatif lui a valu de se classer deuxième pour ce qui est des commissions touchées, mais il voulait tenter une carrière dans l'industrie du voyage. C'est pourquoi il a quitté Cosmo Marketing pour se joindre à Air Fleur.

Durant ses deux premières semaines, Carl démontre qu'il est un stagiaire motivé et enthousiaste. Il pose beaucoup de questions et n'a pas peur de prendre la parole. Au début, sa formatrice, Barbara Jablonsky, voit sa

vivacité d'un bon œil. Par contre, au quatrième jour, elle remarque que les questions fréquentes de Carl perturbent le déroulement de la formation et irritent les autres participants. Plus d'une fois, elle remarque qu'ils lèvent les yeux au ciel quand Carl lève la main.

À la fin de la première semaine, Carl obtient 86% à son examen. À la fin de la deuxième semaine, Carl obtient 83% à son examen. Après avoir repassé l'examen, il obtient 84%. Carl a été renvoyé du programme.

Toutefois, le lundi suivant, Carl communique avec les Ressources humaines pour porter plainte contre Barbara. Lorsque vous lui parlez, il vous dit qu'il pense que Barbara « en avait après lui » et voulait qu'il échoue pour qu'on le renvoie. Il dit que Barbara l'a pris pour cible et a voulu l'intimider pendant les cours. Il veut faire appel de son renvoi et a précisé qu'il prendrait un avocat s'il ne restait pas dans le programme.

SUJETS DE DISCUSSION

1. Comment géreriez-vous cette situation?
2. Quelles questions poseriez-vous à Carl par rapport à sa déclaration?
3. Quelles questions poseriez-vous à Barbara dans le cadre de votre enquête?
4. Poseriez-vous des questions aux autres participants du programme?
5. Quels sont les éléments contextuels dont il faut tenir compte dans ce scénario et qui pourraient influencer l'issue de l'enquête?
6. Étant donné que les exigences pour rester dans le programme sont clairement précisées, permettriez-vous à Carl de faire appel de son renvoi?

RESSOURCES

Étant donné qu'il arrive fréquemment que la législation et jurisprudence changent et bien que les ressources soient énumérées ici, il est important de rechercher et de faire référencer aux plus récentes informations disponibles dans votre juridiction en ce qui concerne les relations avec les employés.

Voici quelques-unes des ressources les plus courantes auxquelles vous pouvez vous référencer:

CANADA

- Le Code canadien du travail
- La Loi canadienne sur les droits de la personne.
- La Loi sur les normes du travail de Terre-Neuve-et-Labrador
- La Loi sur les droits de la personne de Terre-Neuve-et-Labrador
- La Loi provinciale sur les normes d'emploi de l'Île-du-Prince-Édouard
- Loi sur les droits de la personne de l'Île-du-Prince-Édouard
- Le Code des normes de travail de la Nouvelle-Écosse
- La Loi sur les droits de la personne de la Nouvelle-Écosse

- La Loi sur les normes d'emploi du Nouveau-Brunswick
- La Loi des droits de la personne du Nouveau-Brunswick
- La Loi sur les normes du travail du Québec
- La Charte des droits et libertés de la personne du Québec
- La Loi sur les normes d'emploi de l'Ontario
- le Code des Droits de la personne de l'Ontario
- le Code des normes d'emploi du Manitoba
- le Code des droits de la personne du Manitoba
- La Loi sur les normes d'emploi de Saskatchewan
- le Code des droits de la personne du Saskatchewan
- le Code du travail de l'Alberta
- La Loi sur les droits de la personne de l'Alberta
- la loi et le règlement sur les normes d'emploi de la Colombie-Britannique
- Le Code des droits de la personne de la Colombie-Britannique
- La Loi sur les normes du travail du Nunavut
- Le Code des droits de la personne du Nunavut
- la loi sur les normes du travail du Yukon
- Le Code des droits de la personne du Yukon
- La Loi sur les normes d'emploi des Territoires du Nord-Ouest
- la Loi sur les droits de la personne des Territoires-du-Nord-Ouest

ETATS-UNIS D'AMERIQUE

- La loi fédérale sur les normes d'emploi équitables
- la loi de 1964 relative aux droits civils

MEXIQUE

- La loi fédérale sur le travail

UNION EUROPEENNE

- La Commission européenne sur le droit du travail européen

L'ORGANISATION INTERNATIONALE DU TRAVAIL (OIT)

- Unique agence 'tripartite' de l'ONU, l'OIT réunit des représentants des gouvernements, employeurs et travailleurs de 187 États Membres pour établir des normes internationales, élaborer des politiques et concevoir des programmes visant à promouvoir le travail décent pour tous les hommes et femmes dans le monde.

REMERCIEMENTS

Quiconque pense que les ressources humaines sont ennuyeuses ou transactionnelles n'est pas très attentif. Les cas présentés dans ce livre ne sont qu'un échantillon des problèmes quotidiens traités par les professionnels des ressources humaines.

Bien qu'il s'agisse de situations fictives sur les relations avec les employés, elles sont représentatives des défis auxquels l'on doit faire face dans des circonstances différentes, des contextes différents, ou même des cultures et des lois différentes.

Je tiens à remercier mon éditrice Sheryl Khanna pour m'avoir guidée dans ce processus et pour m'avoir conseillée sur la façon de publier un livre, et au Docteur Laura Hambley qui a généreusement partagé ses connaissances et relations avec moi pour que ce livre puisse voir le jour.

Je voudrais également remercier mes collègues Darin Markwart, Erick Phillips, Candice Herlihy et Carla Meadows qui ne cessent de m'étonner par leur expertise technique et leur logique et qui m'ont inspiré à écrire certains des scénarios de ce livre.

Un grand merci à mes premiers lecteurs : Mary Castorina et Helen Niforos qui m'ont donné leur avis sur le contenu et le format et qui m'ont encouragé à écrire, écrire, écrire et écrire davantage. Merci encore à Marie Maurannes pour l'aide à la traduction.

Enfin, et surtout, je voudrais exprimer mon immense gratitude pour le soutien de Sophia Champ qui a imaginé plusieurs des noms et des scénarios cités dans ce livre, et de Tom Champ, qui croyait que je pouvais et je devais écrire ce livre.

www.ingramcontent.com/pod-product-compliance
Ingram Content Group UK Ltd.
Pitfield, Milton Keynes, MK11 3LW, UK
UKHW041640190726
13854UKWH00006B/2612

9 780228 805144